INITIALEN

Martin Steininger
geboren 1989, ist in Altdorf bei
Nürnberg aufgewachsen. Er studierte
Buchwissenschaft und Komparatistik
im 2-Fächer-Bachelor an der Johannes
Gutenberg-Universität Mainz. Im
Anschluss absolviert der Mainzer
Buchwissenschaftler das Masterstudium
in Komparatistik.

Martin Steininger

Die Bedeutung von Kulturgütern in der Konsumgesellschaft: Das Buch als Wirtschaftsgut in der Massenkultur

Eine Standortbestimmung
nach Walter Benjamin
und Theodor W. Adorno

© 2015 Mainzer Institut für Buchwissenschaft

Gesetzt aus Minion Pro und Myriad Pro
in der Lehrdruckerei des Instituts für Buchwissenschaft
von Namen Franziska Blatt, Sheila Mbala-Makumaya und Janina Caroline Huber

Lektorat Anna Katharina Seitz und Alina Fassbinder

Marketing/PR Katharina Kröner und Andrea Lischtschuk

Print ISBN 978-3-945883-21-1
EPUB ISBN 978-3-945883-22-8
PDF ISBN 978-3-945883-23-5

INHALT

1 EINLEITUNG

Die Funktion und Bedeutung der Massenkultur ab dem 20. Jahrhundert
wird sehr unterschiedlich bewertet. Im Mittelpunkt der Kontroverse steht
die Frage, ob diese über emanzipatorisches Potenzial verfügt oder ob Kunst
durch die zunehmende Ökonomisierung der Gesellschaft ihre Autonomie
verliert.

Das Aufkommen neuer Massenmedien wie Film und Radio sowie die
damit einhergehende Kommerzialisierung der Kultur in den 1920/30er Jah-
ren lenkte die wissenschaftliche Aufmerksamkeit auf dieses Phänomen. Aber
auch das Ende der liberalen Phase des Kapitalismus sowie der Aufstieg des
Faschismus führten dazu, dass die Auswirkungen der Massenkultur intensiv untersucht wurden.[1] In Deutschland wurde die Kontroverse um diese
Entwicklung maßgeblich von Walter Benjamin und Theodor W. Adorno
geprägt. Christoph Gurk stellt in seinem Aufsatz »Wem gehört die Popmusik?« fest, dass sich die Auseinandersetzung über die Massenkultur sich bis
heute an den Polen Adorno und Benjamin orientiert.[2] Beide werden der Kritischen Theorie zugeordnet, die eine Erneuerung der marxistischen Theorie
anstrebte. Berühmt wurde vor allem Benjamins Aufsatz »Das Kunstwerk im
Zeitalter seiner technischen Reproduzierbarkeit«[3] und Adornos These der
Kulturindustrie.

1 Vgl. Strinati, Dominic: An introduction to theories of popular culture. 2., veränderte Aufl. New York:
   Routledge 2003, S. 2-5.
2 Vgl. Gurk, Christoph: Wem gehört die Popmusik? Die Kulturindustriethese unter den Bedingungen
   postmoderner Ökonomie. In: Mainstream der Minderheiten. Pop in der Kontrollgesellschaft. Hrsg.
   von Holert, Tom/Terkessidis, Mark Berlin: Edition ID-Archiv 1996, S. 20-40.
3 Benjamin, Walter/ Schöttker, Detlev: Das Kunstwerk im Zeitalter seiner technischen Reproduzierbarkeit und weitere Dokumente. Kommentar von Detlev Schöttker. 3. Aufl. Frankfurt am Main:
   Suhrkamp 2012.

Walter Benjamin traute der Massenkultur zu, dass sie das Bewusstsein der Menschen zum Positiven hin verändern könnte. In seiner Theorie, die erstmals 1936 erschien, steht das Medium Film im Mittelpunkt. Er beschreibt, wie die neue Reproduktionstechnik nicht nur die alltägliche Wahrnehmung verändert, sondern auch die Kunst und ihre Rezeption.[4] War die traditionelle Kunst bisher nur dem Bürgertum zugänglich, richtet sich der Film nun an die Massen. Benjamin arbeitet dabei für den Film medienspezifische Eigenschaften heraus, welche zu einer kollektiven Veränderung des Bewusstseins führen könnten.

Benjamins Freund Adorno hat diese Analyse scharf kritisiert. In Adornos Theorie stellt Massenkultur vor allem ein Mittel zur Stabilisierung der bestehenden Herrschaftsverhältnisse dar. Für ihn ist sie keine »spontan aus den Massen selbst aufsteigende Kultur«[5] sondern ein wirkungsmächtiges Instrument zur Integration der Individuen in die spätkapitalistische Gesellschaft. Um auf diesen Umstand hinzuweisen, verwendete er anstelle des Begriffs der Massenkultur, die Bezeichnung der Kulturindustrie.[6] Adorno sieht vor allem in der Kunst der klassischen Moderne emanzipatorische Elemente, auch wenn er sich der Problematik bewusst ist, dass diese nur das Bürgertum erreichte. In seiner Analyse der Massenkultur problematisiert er vor allem die Vereinnahmung der Kunst durch die Ökonomie.

Sowohl in Benjamins, als auch in Adornos Theorie spielt das Medium Buch eine untergeordnete Rolle. Im Mittelpunkt steht für beide die von der Massenkultur bewirkte Veränderung der Kunst, welche sie aus unterschiedlichen Blickwinkeln betrachten. Adornos Theorie ist für die Buchwissenschaft insofern interessant, als dass sie das Verhältnis zwischen Kunst und Ökonomie intensiv behandelt. Aufgrund seiner ökonomiekritischen Analyse der Massenkultur wertet Adorno dabei die traditionelle Kunst und somit auch die (moderne) Literatur auf. Benjamins Text hingegen kann als ein Abgesang auf die traditionelle Kunst gelesen werden. Des Weiteren setzen sich beide mit unterschiedlicher Schwerpunktsetzung, mit den Produktions-, Distributions- und Rezeptionsbedingungen von Kunst auseinander. Beide Theorien können also in vielerlei Hinsicht für die buchwissenschaftliche Forschung interessant sein.

4   Vgl. Benjamin/Schöttker: Kunstwerk-Aufsatz und Kommentar, S. 103.
5   Adorno, Theodor W: Gesammelte Schriften Band 10.1. Kulturkritik und Gesellschaft. Prismen. Ohne Leitbild. Frankfurt am Main: Suhrkamp 2010, S. 337.
6   Vgl. Ebenda, S. 337.

In dieser Arbeit werden die folgenden thematischen Schwerpunkte behandelt: Zum einen versucht sie nachzuvollziehen, wie Adorno und Benjamin, die immerhin beide von der marxistischen Theorie ausgingen, auf eine so gegensätzliche Bewertung der Massenkultur gekommen sind. Dabei werden gleichermaßen theoretische Grundannahmen und geschichtliche Erfahrungen berücksichtigt.

In einer textnahen Interpretation wird auf ihre unterschiedliche Haltung gegenüber der traditionellen Kunst (insbesondere der Literatur), den neuen Medien, der zunehmenden Ökonomisierung der Gesellschaft sowie gegenüber der Rolle des Rezipienten in der Massenkultur eingegangen.

Im Fokus der Arbeit steht Adornos Theorie der Kulturindustrie. Dies liegt unter anderem in der höheren Komplexität seiner Argumentation begründet. Leistet Benjamins Aufsatz vor allem eine medientheoretische Analyse der Massenkultur, ist Adornos Theorie nur unter Einbeziehung seiner Kunst-, Zivilisations- und Gesellschaftstheorie zu verstehen. So ist die These der Kulturindustrie in das zivilisationskritische Werk »Dialektik der Aufklärung«[7] eingebettet, dass Adorno zusammen mit Max Horkheimer 1941 im amerikanischen Exil verfasste. Der Abschnitt über die Kulturindustrie stammt dabei überwiegend von Adorno.[8]

Außerdem hat sich im Zuge des *linguistic-* und *cultural turns* in den 1960ern tendenziell die Auffassung durchgesetzt, dass Massenkultur ein subversives Potential besitzt.[9] In dem der Schwerpunkt der Arbeit auf Adorno gelegt wird, soll auch dazu angeregt werden, diese Einschätzung einer kritischen Reflexion zu unterziehen.

Für die eben beschriebenen Zielsetzungen der Arbeit, erschien dem Verfasser folgende Forschungsliteratur als besonders relevant. Um wesentliche Aspekte über die Kritische Theorie in ihren Grundzügen zu erfahren, wurde auf Michael Schwandts Einführung in die Kritische Theorie zurückgegriffen.[10] Sie ist eine sehr prägnante, an manchen Stellen sicher verkürzte, aber für den Rahmen der Arbeit angemessene Einführung. Für die Einarbeitung in Adornos Theorie wurde das Buch »Theodor W. Adorno«[11] von Rolf Wiggershaus verwendet. Rolf Wiggershaus war Schüler von Adorno und hat sich

---

7 Adorno, Theodor W./ Horkheimer, Max: Dialektik der Aufklärung. Philosophische Fragmente. Frankfurt am Main: Fischer 2012.

8 Vgl. Paetzel, Ulrich: Kunst und Kulturindustrie bei Adorno und Habermas. Perspektiven kritischer Theorie. Diss. phil Bochum 2001. Wiesbaden: Deutscher-Universitätsverlag 2001, S. 36f.

9 Vgl. Seiler, Sascha: »Das einfach wahre Abschreiben der Welt«: Pop-Diskurse in der deutschen Literatur nach 1960. Diss. phil JGU Mainz 2005. Göttingen: Vandenhoeck & Ruprecht 2006, S. 73-102.

10 Schwandt, Micheal: Kritische Theorie. Eine Einführung. 2. Aufl. Stuttgart: Schmettling Verlag 2010.

11 Wiggershaus, Rolf: Theodor W. Adorno. 3. veränderte Aufl. München: C.H. Beck 2006.

dementsprechend intensiv mit seinen Theorien beschäftigt. Mit der These der Kulturindustrie hat Ulrich Paetzel sich eingehend im Rahmen einer Dissertation auseinandergesetzt.[12] Es gibt zahlreiche Abhandlungen über die Kulturindustrie. Paetzels Dissertation sticht dahingehend heraus, weil sie das Kapitel der Kulturindustrie im Kontext der »Dialektik der Aufklärung« betrachtet. Ferner wurde auch des Öfteren auf das Buch »Kulturindustrie«[13] des Journalisten Roger Behrens zurückgegriffen. Der etwas populärwissenschaftlich anmutende Stil Behrens wurde dabei kritisch reflektiert. Für Benjamins Theorie der Massenkultur wurde vor allem ein Kommentar des Literaturwissenschaftlers Detlev Schöttker verwendet, der unter anderem einige Texte von Benjamin herausgegeben hat.[14]

An dieser Stelle soll auf eine Problematik der Arbeit hingewiesen werden, welche sich in der getroffenen Literaturauswahl widerspiegelt: Die Fixierung auf Adorno hatte zur Folge, dass Benjamins Theorie nur verkürzt dargestellt werden konnte.

12   Paetzel, Ulrich: Kunst und Kulturindustrie.
13   Behrens, Roger: Kulturindustrie. Bielefeld: transcript-Verlag 2004.
14   Benjamin/Schöttker: Kunstwerk-Aufsatz und Kommentar

2 ADORNO UND BENJAMIN IM KONTEXT DER KRITISCHEN THEORIE

Theodor W. Adorno war einer der wirkungsmächtigsten Theoretiker der Kritischen Theorie. Deren Geburtsstunde kann auf die Gründung des Instituts für Sozialforschung (Ifs) in Frankfurt am Main 1923 zurückgeführt werden.[15] Adorno arbeitete ab 1931 für das Ifs.[16] Finanziert durch eine Stiftung strebten deren Mitglieder eine Erneuerung der Marxrezeption an und untersuchten die Möglichkeiten einer gesellschaftsumwälzenden Praxis.

Das Ifs übte dabei nicht nur Kritik an der bürgerlichen Wissenschaft sondern distanzierte sich gleichzeitig zunehmend vom orthodoxen Marxismus. Insbesondere das revolutionäre Potential der Arbeiterbewegung wurde dabei in Zweifel gezogen. Marx ging davon aus, dass sich das, seit der industriellen Revolution stetig anwachsende Proletariat mit Hilfe einer Revolution von der herrschenden Bourgeoisie befreien würde. Diese Prognose geriet durch die kürzlich gemachten geschichtlichen Erfahrungen ins Wanken. Den 1. Weltkrieg hatte das Proletariat nicht verhindern können, vielmehr unterstützte es diesen teilweise begeistert. Auch in der Nachkriegszeit blieben die erwarteten Revolutionen in den Industrienationen entweder ganz aus oder wurden, wie in Deutschland, schon früh niedergeschlagen. Nur in Russland konnte sich der Sozialismus wider Erwarten durchsetzen. Spätestens ab Mitte der 1920er zeichnete sich jedoch ab, dass dieser in Terror umschlagen würde.[17] Diese Reihe von desillusionierenden Ereignissen stand in starkem Widerspruch zur marxschen Zukunftsprognose. Durch Integration der psychoanalytischen Theorie Freuds versuchte die Kritische Theorie das reaktionäre Verhalten des Proletariats zu begreifen.

15   Vgl. Schwandt: Kritische Theorie, S. 23-28.
16   Vgl. Ebenda, S. 52.
17   Vgl. Ebenda, S. 19-21.

Zwischen Freud und Marx erkannte die Kritische Theorie einige Parallelen. Die wichtigste besteht dabei darin, dass beide Theorien von einem Konflikt zwischen Individuum und Gesellschaft ausgehen. Für Marx ist der Einzelne ökonomischen Gesetzen unterworfen, denen er sich fügen muss, wenn er überleben möchte. Freud hingegen arbeitete in seiner Theorie heraus, dass das Triebleben des Kindes im Laufe seiner Entwicklung immer wieder mit den gesellschaftlichen Rahmenbedingungen kollidiert. Die Persönlichkeitsstruktur des Menschen ist das Ergebnis der spezifischen Bewältigung dieses Konflikts. Freud und Marx gehen davon aus, dass den Menschen die vorgegebenen Strukturen, die ihr Handeln und Denken durchdringen, nicht bewusst sind. Der große Unterschied zwischen den beiden besteht jedoch darin, dass der Gegensatz zwischen Individuum und Gesellschaft für Freud ein ahistorischer ist, während er bei Marx durch eine Veränderung der gesellschaftlichen Produktion aufgehoben werden kann.[18] Das Ifs begann nun beide Theorien zu kombinieren. Die daraus resultierende These war, dass die sozialökonomische Struktur sich auch in der Familie widerspiegelt. Diese wird, in Übereinstimmung mit Freud, als wichtigste Sozialisationsinstanz betrachtet. Die ökonomischen Bedingungen hinterlassen, folgt man diesen Ausführungen, demnach tiefe Spuren in den Persönlichkeitsstrukturen der Menschen. Dies gilt insbesondere für die Arbeiterfamilien, in denen der Kampf ums wirtschaftliche Überleben im Vordergrund steht.[19]

Aufgrund dieser Erkenntnisse konnte das Proletariat nicht länger als revolutionäres Subjekt betrachtet werden. Die Möglichkeit einer gesellschaftlichen Veränderung wurde dadurch für das Ifs fraglich, da kein neues revolutionäres Subjekt ausgemacht werden konnte.[20] Allein in der bürgerlichen Familie sah Adorno die Möglichkeit zur Entwicklung autonomen Denkens und Fühlens, da in ihr nicht ausschließlich die gesellschaftliche Reproduktion betrieben werden musste. Die zunehmende Ökonomisierung aller Lebensbereiche schien jedoch auch diese immer mehr zu durchdringen.[21]

Diese frühen Einsichten des Ifs sind die Wurzel für Adornos kritische Haltung gegenüber der Massenkultur sowic für seine Überlegungen zur autonomen Kunst. Der Großteil der Bevölkerung bestand demzufolge nicht aus autonomen Individuen, sondern aus passiven Konsumenten, die sich ihres Handelns und Denkens nicht bewusst sind. Die Autonome Kunst hingegen

18   Vgl. Ebenda, S. 62-68.
19   Vgl. Ebenda, S. 72-75.
20   Vgl. Paetzel: Kunst und Kulturindustrie, S. 20.
21   Vgl. Wiggershaus: Adorno, S. 90.

betrachtete er in Analogie zur bürgerlichen Familie als eine Art Schlupfwinkel.[22]

Der Siegeszug des Faschismus bestätigte die pessimistische Einschätzung des Ifs. 1934 siedelte das Institut, dessen Mitglieder größtenteils jüdischer Abstammung waren, nach New York über.[23] Die Nachricht vom Holocaust in Deutschland führte zu einem Paradigmenwechsel am Ifs. Das Ausbleiben der Revolution stand von nun an nicht mehr an primärer Stelle. Der Genozid an den Juden ließ das Ifs vielmehr zunehmend an der gesamten europäischen Zivilisation zweifeln. Im Zuge dessen schrieb Adorno zusammen mit dem Institutsleiter Max Horkeimer die »Dialektik der Aufklärung«.[24]

Walter Benjamin wird von der Philosophiegeschichte auch der Kritischen Theorie zugeordnet obwohl er nie fester Mitarbeiter des Ifs war. Benjamin stand jedoch einigen Mitgliedern des Instituts, insbesondere Adorno, sehr nahe. In der »Dialektik der Aufklärung« greifen Adorno/Horkheimer beispielsweise einige zentrale Thesen aus Benjamins geschichtsphilosophischen Text »Über den Begriff der Geschichte«[25] auf.[26] In dem posthum veröffentlichten Text befindet sich der berühmte Satz »Es ist niemals ein Dokument der Kultur, ohne zugleich ein solches der Barbarei zu sein.«[27] Adorno/Horkheimer führen in der »Dialektik der Aufklärung« Benjamins ambivalente Haltung gegenüber der Kultur fort.

Auch wurden einige von Benjamins Texten, darunter »Das Kunstwerk im Zeitalter seiner technischen Reproduzierbarkeit«, in der Institutszeitschrift abgedruckt. Besonders in Adornos Auseinandersetzung mit diesem Aufsatz werden die Differenzen zwischen Benjamin und dem Ifs deutlich.

22 Vgl. Schweppenhäuser, Gerhard: Theodor W. Adorno zur Einführung. 3. veränderte Aufl. Hamburg: Junius Verlag 2003, S. 148.
23 Vgl. Schwandt: Kritische Theorie, S. 84.
24 Vgl. Ebenda, S. 88f.
25 Benjamin, Walter: Erzählen. Schriften zur Theorie der Narration und zur literarischen Prosa. Ausgewählt und mit einem Nachwort von Alexander Honold. Frankfurt am Main: Suhrkamp 2007.
26 Vgl. Schwandt: Kritische Theorie, S. 54f.
27 Benjamin, Walter: Erzählen, S. 132.

3   DAS KUNSTWERK IM ZEITALTER SEINER TECHNISCHEN REPRODUZIERBARKEIT

Walter Benjamin wollte mit seinem Aufsatz »Das Kunstwerk im Zeitalter seiner technischen Reproduzierbarkeit« die Grundlage für eine materialistische Kunsttheorie schaffen. Hierbei versucht er in Anschluss an Marx »Thesen über die Entwicklungstendenzen der Kunst unter den gegenwärtigen Produktionsbedingungen «[28] herauszuarbeiten. Im Zentrum seiner Argumentation steht dabei die Einsicht, dass die neuen Massenmedien, insbesondere der Film, »nicht nur die Kommunikation und die sinnliche Wahrnehmung, sondern auch die Künste«[29] verändern.

Für Benjamin hat Kunst ihren Ursprung im Ritual. Die ersten Kunstwerke wurden nicht primär für die Menschen hergestellt, vielmehr waren sie den Geistern und später den Göttern gewidmet.[30] Von seinen kultischen Wurzeln hat es sich, so Benjamins Einsicht, bis heute noch nicht vollständig befreien können. Gängige Begriffe im Kunstdiskurs der Zeit, wie »Schöpfertum«, »Genialität« und »Ewigkeitswert« verweisen auf diesen Umstand.[31] Die sich immer weiter entwickelnden Möglichkeiten zur technischen Reproduktion haben allerdings einen Prozess in Gang gesetzt, der den Kultwert im Kunstwerk tendenziell liquidieren könnte. Die technische Reproduktion von Kunstwerken wird zwar schon seit der Antike betrieben, aber mit Erfindung der Lithographie, der Fotografie, sowie dem Film erreicht sie eine neue Qualität:[32]

28   Benjamin/Schöttker: Kunstwerk-Aufsatz und Kommentar, S. 10.
29   Ebenda, S. 103.
30   Vgl. Ebenda, S. 20-22.
31   Vgl. Ebenda, S. 10.
32   Vgl. Ebenda, S. 10-12.

»Um neunzehnhundert hatte die technische Reproduktion einen Standard erreicht, auf dem sie nicht nur die Gesamtheit der überkommenen Kunstwerke zu ihrem Objekt zu machen und deren Wirkung den tiefsten Veränderungen zu unterwerfen begann, sondern sich einen eigenen Platz unter den künstlerischen Verfahrensweisen eroberte.«[33]

Charakteristisch für das traditionelle Kunstwerk ist bei Benjamin seine Aura. Sie ist »das Hier und Jetzt des Kunstwerks – sein einmaliges Dasein an dem Ort, an dem es sich befindet.«[34] Der Rezipient schreibt diesem Echtheit und Einmaligkeit zu, Begriffe, die auf seine ursprüngliche kultische Funktion zurückgehen und seine Autorität begründen.

Dementsprechend wurde die manuelle Reproduktion eines Kunstwerkes als Fälschung angesehen. Für Benjamin ist die technische Reproduktion hingegen in der Lage, das Kunstwerk aus seiner Tradition herauszulösen. So kann beispielsweise das Foto von einer Kathedrale massenhaft vervielfältigt werden, wodurch sein Wert der Einmaligkeit in Frage gestellt wird. Gleichzeitig ermöglicht die Fotografie, etwa durch Zoomen, neue Einblicke in das Kunstwerk.[35]

Benjamin diagnostiziert einen Verfall der Aura, der für ihn positiv konnotiert ist: Er sieht darin die Chance, dass sich das Kunstwerk »zum ersten Mal in der Weltgeschichte von seinem parasitären Dasein am Ritual«[36] emanzipieren könnte. An die Stelle des traditionellen tritt nun zunehmend das reproduzierte Kunstwerk, etwa in Form des Fotos. Die bestimmenden Charakteristika des reproduzierten Kunstwerks können jedoch nicht länger in dem Anspruch auf Echtheit und Einmaligkeit liegen. Von einem Foto lassen sich unzählige Abzüge machen, von dem keines als das Original angesehen werden kann. Vielmehr sind alle Abzüge gleichwertig. Für Benjamin trägt dabei insbesondere der Film, mit seiner besonders starken Verflechtung in wirtschaftliche Zwänge, entscheidend zur Entmythologisierung der Kunst bei. Auf Grund der hohen Produktionskosten ist dieser auf eine massenhafte Verbreitung angewiesen.[37]

Dadurch ändert sich die Art und Weise wie Kunst rezipiert wird: »Die Ausrichtung der Realität auf die Massen und der Massen auf sie ist ein

---

33 Ebenda, S. 12.
34 Ebenda.
35 Vgl, Ebenda, S. 12-15.
36 Ebenda, S. 19.
37 Vgl. Ebenda S. 19f.

Vorgang von unbegrenzter Tragweite sowohl für das Denken wie für die Anschauung.«[38] Die Aufmerksamkeit des Rezipienten verlagert sich zunehmend vom Kultwert eines Kunstwerkes hin zu seinem Ausstellungswert. Der Wert von reproduzierten Kunstwerken besteht eben gerade darin, dass sie gesehen werden wollen. Damit wertet Benjamin die moderne Literatur, die nur ein kleines bürgerliches Publikum erreichen kann, ab. Auch in ihrer fortschrittlichsten Form, der Avantgarde, ist sie für ihn noch »eine Theologie«,[39] da sie nicht vorrangig für die Menschen hergestellt wird. Die »l'art pour l'art« beispielsweise beruft sich vielmehr auf einen künstlerischen Selbstzweck, der für Benjamin ein kultisches Element ist: Auch für das im Ritual eingebettete Kunstwerk war seine bloße Existenz wichtiger als seine Rezeption.[40]

3.1 Das Massenmedium Film und der aktive Rezipient

Benjamin erhofft sich von den neuen Massenmedien einen Funktionswandel der Kunst: »An die Stelle ihrer Fundierung aufs Ritual tritt [...] ihre Fundierung auf Politik«[41]

Die Fotografie ist für Benjamin das erste Medium, das in der Lage ist den Kultwert eines Kunstwerks durch seinen Ausstellungswert zu ersetzen. Nicht mehr Einzigartigkeit sondern der »Sinn für das Gleichartige in der Welt«[42] steht im Vordergrund. Doch erst der Film kann diese Entwicklung vollständig durchsetzen.

Die Produktionsweise des Films zerstört die Aura des Schauspielers. Während sich der Theaterschauspieler im direkten und persönlichen Dialog mit dem Publikum wiederfindet, absolviert der Filmdarsteller seine Leistung vor der Kamera, oder wie Benjamin es nennt »Apparatur«.[43] Sein Spiel ist dabei, anders als im Theater, keine einheitliche Vorstellung, sondern besteht aus zahlreichen Einzelleistungen, wodurch er ständig aus seiner Rolle gerissen wird. Das daraus entstandene Material wird von Fachleuten, beispielsweise von dem Regisseur und dem Cutter, »optischen Tests« unterworfen.[44] Der fehlende persönliche Kontakt zum Publikum sowie die Möglichkeit die schauspielerische Leistung durch Wiederholung zu verbessern, führen dazu, dass der Schauspieler seine Aura verliert. Im Theater kam diese im »Hier und

38   Ebenda, S. 17.
39   Ebenda, S. 19.
40   Vgl. Ebenda, 21-23.
41   Ebenda, S. 20.
42   Ebenda, S. 17.
43   Vgl. Ebenda, S. 26.
44   Vgl, Ebenda, S. 26.

Jetzt« seiner Vorstellung zustande. Da der Darsteller sich nicht in seine Rolle einfühlen darf, bleibt diese Erfahrung auch dem Publikum verwehrt.[45] Wie die Fachleute am Set nimmt der Zuschauer eine »testende«, aktive Haltung ein.

Der emanzipatorische Charakter der Massenkultur besteht für Benjamin darin, dass in ihr jeder zum »halben Fachmann« wird.[46] Er weist unter anderem auf die zunehmende Literarisierung der Gesellschaft hin: »Der Lesende ist jederzeit bereit ein Schreibender zu werden.«[47] Der Zerfall der Aura, beziehungsweise der Kunstautonomie, führt dazu, dass die Massen nicht länger von der Kunst ausgeschlossen sind. Dies hat ein gesteigertes Selbstbewusstsein des Proletariats zur Folge zu dem der Film maßgeblich beiträgt: »Jeder heutige Mensch kann einen Anspruch vorbringen gefilmt zu werden.«[48] In Filmen sind eben nicht mehr nur, wie ehemals im Theater, ausschließlich professionelle Schauspieler zu sehen, sondern auch Statisten. Die Rezipienten werden so im Zuge der medialen Entwicklung mehr und mehr zu Produzenten. [49]

Der Film ermöglicht ferner eine kollektive und simultane Rezeption. Künste wie Malerei und Literatur konnten eben nur bedingt simultan rezipiert werden und setzten eine kulturelle Bildung voraus, die den Massen vorenthalten wurden. Die Avantgardebewegung konnte somit nur die Bildungsbürger erschüttern. Der großen Masse konnte sie keine Erfahrungen vermitteln.[50] An der Filmrezeption können jedoch alle aktiv und vor allem gleichzeitig teilnehmen: »Die technische Reproduzierbarkeit des Kunstwerks verändert das Verhältnis der Masse zu Kunst. Aus dem rückständigsten, z.B. einem Picasso gegenüber, schlägt es in das fortschrittlichste, z.B. eines Chaplin, um.«[51]

Benjamin stellt dabei die These auf, dass erst das Medium Film die Bestrebungen der Avantgardebewegungen vollends verwirklichen konnte. Stiltechniken der Avantgarde, wie Montage, oder die Vermischung von Bild und Schrift strebten danach die Aura zu zerstören. Einem avantgardistischen Bild oder Gedicht ist keine ehrfürchtige Rezeptionsweise mehr angemessen. Anstelle der kontemplativen Versenkung tritt die Ablenkung und Zerstreu-

45 Vgl. Ebenda, S. 28-30.
46 Ebenda, S. 32.
47 Ebenda, S. 33
48 Ebenda, S. 32
49 Vgl. Kramer, Sven: Walter Benjamin zur Einführung. Hamburg: Julius Verlag 2003, S. 97.
50 Vgl. Benjamin/Schöttker: Kunstwerk-Aufsatz und Kommentar, S. 37f.
51 Ebenda, S. 37.

ung.[52] Die medienspezifischen Eigenschaften des Films verbieten nun von vornherein eine kontemplative Rezeption: »Vor der Filmaufnahme kann er das nicht. Kaum hat er sie ins Auge gefaßt, so hat sie sich schon verändert.«[53] Die Montage ist dem Medium Film inhärent. Der schnelle Wechsel der Bilder wirkt auf den Rezipienten überfordernd und führt in letzter Konsequenz zu einer Veränderung der Wahrnehmung durch Schocks: »Kraft seiner technischen Struktur hat der Film die physische Chockwirkung, welche der Dadaismus gleichsam in der moralischen noch verpackt hielt, aus dieser Emballage befreit.«[54]

Neben den technischen Eigenschaften ist es für Benjamin, wie bereits erwähnt, der Warencharakter des Films, der den Kultwert der Kunst gänzlich zurückdrängt. Der Warencharakter und die technischen Eigenschaften des Films tragen beide zur kollektiven Veränderung des Apperzeptionsapparates bei, wie Benjamin es nennt.[55] Die weitreichende Erschütterung konventioneller Wahrnehmungsmuster, eines der Hauptanliegen der Avantgarde, wird somit erst durch den Film ermöglicht.

Nach Benjamin verändert der Film die Sicht auf die Welt, ähnlich tiefgreifend wie Freuds Entdeckung der Psychoanalyse: »Vom Optisch-Unbewussten erfahren wir erst durch sie [gemeint ist die Kamera], wie von dem Triebhaft-Unbewussten durch die Psychoanalyse.«[56] So kann die Kamera durch Großaufnahme bisher »versteckte Details«[57] sichtbar machen. Auch scheinbar banale Orte, Benjamin nennt u.a. Büros und Kneipen, werden dadurch interessant. Diese neuen optischen Einblicke, die der Film gewähren kann, fördern emanzipatorisches Denken, indem sie die bisherige Wahrnehmung erweitern. »Unsere Kneipen und Großstadtstraßen, unsere Büros und möblierten Zimmer, unsere Bahnhöfe und Fabriken schienen uns hoffnungslos einzuschließen. Da kam der Film und hat diese Kerkerwelt mit dem Dynamit der Zehntelsekunde gesprengt.«[58]

---

52   Vgl. Ebenda, S. 41-44.
53   Ebenda, S. 44
54   Ebenda, S. 44.
55   Vgl. Ebenda, S. 44.
56   Ebenda, S. 41.
57   Ebenda, S. 40.
58   Ebenda, S. 40.

3.2 Benjamins Einschätzung der Massenkultur

Benjamins Einschätzung der Massenkultur fällt überwiegend positiv aus. Von der Ökonomisierung der Kunst und der zunehmenden Popularität des Films erhofft er sich eine Demokratisierung der Gesellschaft.

Dem damit einhergehenden Bedeutungsverlust der konventionellen Künste, darunter auch der Literatur, trauert er in seinem Aufsatz nicht nach, sondern sieht in ihm sogar eine Chance. Der Film ist für ihn die konsequente Vollendung der Avantgardebewegung. Aus einer textnahen Analyse des Aufsatzes könnte man darauf schließen, dass er das Medium Buch als überholt betrachtet. So eine Schlussfolgerung ginge sicher zu weit. Zum einen hat Benjamin sich Zeit seines Lebens intensiv mit Literatur beschäftigt – auch nach seinem Kunstwerk-Aufsatz. Zum anderen finden sich darin auch kritische Analysen hinsichtlich der Massenkultur. Das Verschwinden der Aura ist für ihn kein zwangsläufiger Prozess. Vielmehr gibt es immer wieder von konservativen Kräften Bestrebungen diese zu konservieren.

So weist er daraufhin, dass die Filmgesellschaften »auf das Einschrumpfen der Aura mit einem künstlichen Aufbau der personality außerhalb des Ateliers«[59] reagieren. Das Aufbauen von Filmstars zwecks Werbezwecken ist heute selbstverständlich. Schöttker weist jedoch darauf hin, dass bis 1910 den Filmschauspielern keinerlei Bedeutung beigemessen wurde.[60] Auf diese Weise versuchten die Filmgesellschaften die Aura des Theaterschauspielers in die Gegenwart zu retten.

Viel fataler ist für Benjamin jedoch die Vereinnahmung der herkömmlichen Ästhetik durch die Nationalsozialisten. Der Führerkult ist dabei in Analogie zum Starkult zu betrachten: »Die Vergewaltigung der Massen, die er [der Faschismus] im Kult eines Führers zu Boden zwingt, entspricht die Vergewaltigung einer Apparatur, die er der Herstellung von Kultwerten dienstbar macht.«[61] Wie die kapitalistische Filmindustrie versucht also der Faschismus die Aura zu restaurieren. Die Ästhetisierung der Politik verschleiert dabei die bestehenden Eigentumsverhältnisse. Für den Marxisten Benjamin stellt deren Aufhebung die einzige Möglichkeit für eine wirklich solidarische Gesellschaft dar.[62] 1936 war für Benjamin klar wohin die politische Verein-

---

59 Ebenda, S. 31.
60 Vgl, Ebenda, S. 146f.
61 Ebenda, S. 48.
62 Vgl. Ebenda, S. 47f.

nahmung kultischer Rituale führt: »Alle Bemühungen um die Ästhetisierung der Politik gipfeln in einem Punkt. Dieser eine Punkt ist der Krieg.«[63]

Benjamin war sich also sehr wohl den Gefahren der Massenkultur bewusst. Dass seine Analyse sich überwiegend auf die positiven Aspekte der Massenkultur konzentriert, dürfte wohl Benjamins Anspruch geschuldet sein, seinen Thesen einen gewissen »Kampfwert« beizumessen.[64] Im letzten Satz seines Aufsatzes kommt das noch einmal zum Ausdruck, wenn er die Hoffnung ausspricht, dass der Kommunismus dem Faschismus auf die Ästhetisierung der Politik mit der Politisierung der Kunst antwortet.[65] Benjamin unterzog seine Einschätzung der Massenkultur keiner weiteren Korrektur mehr. Er nahm sich 1940 das Leben um einer Gefangenschaft durch die Nationalsozialisten zu entgehen.

63 Ebenda, S. 48.
64 Vgl. Ebenda, S. 10.
65 Vgl. Ebenda, S. 50.

4   DIE THESE DER KULTURINDUSTRIE

Benjamins Aufsatz wurde 1936 in der erschienen Erstausgabe der »Zeitschrift für Sozialforschung« abgedruckt. Zunächst stieß seine Abhandlung dabei auf ein positives Echo innerhalb des Ifs. Diese ersten positiven Reaktionen wurden jedoch schnell revidiert.[66] In einem Brief an Benjamin stellt Adorno zwar einige Übereinstimmungen mit seiner Auffassung von Massenkultur fest, weist aber vor allem auf grundlegende Differenzen hin, die er im Kulturindustriekapitel dann weiter konkretisieren wird.

Übereinstimmung herrscht zwischen den beiden lediglich in zwei Punkten: Zum einen stimmt Adorno mit Benjamin darin überein, dass Kunst seine Wurzel im Ritual hat. Dies ist für ihn der konservative Aspekt der Kunst. Zum anderen teilt er Benjamins Diagnose, dass die bisherige, um in Benjamins Terminologie zu bleiben, auratische Kunst zu Ende geht.[67] Ausgehend von diesen Einsichten zieht er jedoch völlig konträre Schlüsse:

»Die Abschaffung des Bildungsprivilegs durch Ausverkauf leitet die Massen nicht in die Bereiche, die man ihnen ehedem vorenthielt, sondern dient, unter den bestehenden gesellschaftlichen Bedingungen, gerade dem Zerfall der Bildung, dem Fortschritt der barbarischen Beziehungslosigkeit.«[68]

Adornos Analyse der Massenkultur ist in das Werk »Dialektik der Aufklärung« eingebettet. In ihm versuchen Adorno/Horkheimer die Frage zu beantworten, »warum die Menschheit, anstatt in einen wahrhaft menschlichen

---

66 Vgl. Brodersen, Momme: Walter Benjamin: Leben – Werk – Wirkung. Frankfurt am Main: Suhrkamp 2005, S. 115f.

67 Vgl. Benjamin/Schöttker: Kunstwerk – Aufsatz und Kommentar, S. 73-75.

68 Adorno/Horkheimer: Dialektik der Aufklärung, S. 169.

Zustand einzutreten, in eine neue Art von Barbarei versinkt.«[69] Im Zuge dessen entwerfen sie eine radikale Kritik an der bisher stattgefundenen Aufklärung mit dem Ziel diese zu retten. Im Folgenden sollen die wichtigsten Thesen der »Dialektik der Aufklärung« herausgearbeitet werden, damit das Kulturindustriekapitel im Kontext des zivilisationskritischen Textes betrachtet werden kann.

4.1 Die These der Kulturindustrie im Kontext der Dialektik der Aufklärung

Wie schon im 2. Gliederungspunkt der Arbeit erläutert, änderten sich im amerikanischen Exil die Forschungsschwerpunkte der Kritischen Theorie. In den Fokus der Arbeit rückte nun die Kritik an der abendländischen Kultur. Die zentrale These von Horkheimer/Adorno ist, dass sich die Menschen im Verlauf der westlichen Zivilisation zwar immer mehr aus Naturzwängen befreien konnten, sie dafür aber gesellschaftliche Herrschaftsverhältnisse einrichten mussten, die sich mehr und mehr gegen sie selbst richteten. Adorno/Horkheimer stellen basierend auf dieser Annahme einen Zusammenhang zwischen Naturbeherrschung - dem eigentlichen Ziel der Aufklärung - und Selbst- und Drittbeherrschung fest.[70]

Sie gehen von einer Vorwelt aus, in welcher der Mensch unvermittelt und spontan auf seine Triebe und äußeren Eindrücke reagierte.[71] Gleichzeitig sei ihm diese aber übermächtig und bedrohlich erschienen. Von dieser Erfahrung überwältigt versuchte der Mensch nun die Natur zu beherrschen.[72] Dies wurde ihm dadurch ermöglicht, dass er die Fähigkeit zu Denken entwickelte. Denken, so Adorno/Horkheimer, bedeutet jedoch, dass sich der Mensch von der Natur entfremdet. Ab dem Zeitpunkt, an dem er der Natur denkend begegnet, steht er ihr nicht mehr unvermittelt gegenüber, sondern nimmt sie als etwas von ihm getrenntes wahr. Dieses Verhältnis zur Natur ermöglicht es ihm zwar sich von ihr zu emanzipieren, aber er muss dabei seine eigenen Triebe unterdrücken.[73] Das Unterdrückte ist allerdings »nichts anderes als das Lebendige«, also »gerade das, was erhalten werden soll.«[74]

Die westlichen Gesellschaften haben es sich, so Adorno/Horkheimer, zum Ziel gemacht die Natur immer umfassender zu beherrschen. Ein Zusam-

---

69   Ebenda, S. 1.
70   Vgl. Paetzel: Kunst und Kulturindustrie. S. 27.
71   Vgl. Wiggershaus: Adorno, S. 53.
72   Vgl. Paetzel: Kunst und Kulturindustrie, S. 28.
73   Vgl. Wiggershaus: Adorno, S. 54.
74   Adorno/Horkheimer: Dialektik der Aufklärung, S. 62.

menleben, das auf Naturbeherrschung abzielt, bringt jedoch gesellschaftliche Herrschaftsverhältnisse hervor. Ihren Ursprung hat die Herrschaft von Menschen über Menschen in der Entwicklung der Arbeitsteilung, also der Trennung von körperlicher und geistiger Arbeit. Der Herrschende behandelt seinen Untergebenen wie ein Stück Natur, das domestiziert werden muss.[75] Damit entfremdet er sich nicht nur von der Natur, sondern auch von seinen Mitmenschen: »Die oberen erfahren das Dasein, mit dem sie nicht mehr umzugehen brauchen nur als Substrat und erstarren ganz zum kommandierenden Selbst.«[76]

Eine Pointe der »Dialektik der Aufklärung« besteht darin, dass Adorno/Horkheimer im Mythos den Ursprung des aufklärerischen Denkens sehen. In der Weltdeutung des Mythos wird die Natur zwar von Göttern gelenkt, diese können aber vom Menschen, beispielsweise durch Opfergaben, beeinflusst werden. Die Aufklärung trat mit dem Anspruch an, mit Hilfe von wissenschaftlichen und technischen Mitteln, das mythische Denken endgültig zu überwinden.[77] Gerade deshalb blieb sie aber dem Mythos treu. Ihr gemeinsamer Antrieb ist »die Furcht vor der unerfassten, drohenden Natur«,[78] die Selbsterhaltung erhebt die Aufklärung zum absoluten Lebenszweck.[79] Sie nimmt dem Menschen damit aber nicht nur die Angst sondern beraubt ihn auch seiner Lust. So kommen Adorno/Horkheimer zu dem Schluss: »Wie die Mythen schon Aufklärung vollziehen, so verstrickt Aufklärung mit jedem ihrer Schritte tiefer sich in Mythologie.«[80]

Aus dieser Perspektive betrachtet erscheinen die gegenwärtigen Gesellschaften als ein technisches und soziales Bollwerk gegen die Natur, welches die Menschen paradoxerweise zunehmend dazu zwingt ihre Lebendigkeit aufzugeben und sich feindselig gegenüberzustehen.[81] Der Faschismus ist für Adorno/Horkheimer damit weder ein Rückfall in die alte Barbarei, noch stellt er einen Widerspruch zur bisher stattgefundenen Aufklärung dar. Die neue Art der Barbarei ist ihr vielmehr inhärent:

»Die Menschen bezahlen die Vermehrung ihrer Macht mit der
Entfremdung von dem, worüber sie die Macht ausüben. Die

---

75 Vgl. Paetzel: Kunst und Kulturindustrie, S. 30.
76 Adorno/Horkheimer: Dialektik der Aufklärung, S. 41.
77 Vgl. Schwandt: Kritische Theorie, S. 92f.
78 Adorno/Horkheimer: Dialektik der Aufklärung, S. 38.
79 Vgl. Ebenda, S. 38.
80 Ebenda, S. 18.
81 Vgl. Schwandt: Kritische Theorie, S. 93.

Aufklärung verhält sich zu den Dingen wie der Diktator zu den Menschen. Er kennt sie, insofern er sie manipulieren kann.«[82]
Implizit steckt in der »Dialektik der Aufklärung« die Auffassung, dass die auferlegte Entsagung in keinem Verhältnis zur tatsächlichen Bedrohung steht, welche von der Natur ausgeht.[83] Kultur und Herrschaft sind für Adorno/Horkheimer untrennbar miteinander verwoben. Diese Einsicht mündet aber nicht darin, dass sie die Aufklärung verwerfen. Ihre an der »Aufklärung geübte Kritik soll einen positiven Begriff von ihr vorbereiten, der sie aus ihrer Verstrickung in blinder Herrschaft löst.«[84] Dafür müsste sich aber das Verhältnis des Menschen zur äußeren und inneren Natur grundlegend ändern. Das Bewusstwerden der eigenen Natur ist Voraussetzung für Mitempfinden, Mitleiden, Sympathie und Liebe zu anderen Menschen.[85] Diese eigentlich notwendigen Veränderungen erscheinen für Adorno/Horkheimer jedoch aus mehreren Gründen nahezu unmöglich. Zum einen sehen sie die innere Natur des Menschen durch den »Arbeitsdruck der Jahrtausende«[86] als verstümmelt an. So entlud sich die Wut über die permanente Entsagung in einer auf Selbsterhaltung ausgerichteten Gesellschaft im Nationalsozialismus.[87] Zum anderen entstehen im 20. Jahrhundert Gesellschaften, welche die Entwicklung von autonomen Individuen nahezu unmöglich machen. In der nachliberalen Phase des Kapitalismus wird das Leben zunehmend von Institutionen und Großkonzernen durchorganisiert. Die Ökonomisierung und Bürokratisierung der Gesellschaft führt zu einer tendenziellen Liquidierung des Subjekts. Während das Bürgertum in der liberalen Phase des Kapitalismus zumindest teilweise die Erfahrung von Selbstständigkeit machen konnte, muss es sich jetzt, um an der Macht teilhaben zu können, den Konzernen und Organisationen unterordnen.[88] Auf eigene Wünsche und Ansichten muss der Einzelne dabei verzichten und schrumpft dadurch »zum Knotenpunkt konventioneller Reaktionen und Funktionsweisen zusammen, die sachlich von ihm erwartet werden.«[89] Darin besteht eine weitere Pointe der »Dialektik der Aufklärung«: Die Angleichung an die Natur stellt für Adorno/Horkheimer den ersten Trick dar mit dessen Hilfe der Mensch sich

82 Adorno/Horkheimer: Dialektik der Aufklärung, S. 15.
83 Vgl. Wiggershaus: Adorno, S. 54.
84 Adorno/Horkheimer: Dialektik der Aufklärung, S. 6.
85 Vgl. Paetzel: Kunst und Kulturindustrie, S. 33f.
86 Adorno/Horkheimer: Dialektik der Aufklärung, S. 38.
87 Vgl. Ebenda, S. 120.
88 Vgl. Wiggershaus: Adorno, S. 65 – 71.
89 Adorno/Horkheimer: Dialektik der Aufklärung, S. 34.

von ihr emanzipieren konnte. Im Verlaufe der westlichen Zivilisation hat der Mensch sich nun eine gesellschaftliche Umwelt geschaffen, der er sich ähnlich ohnmächtig ausgeliefert fühlt wie ehemals gegenüber der Natur[90]: »Jeder Versuch den Naturzwang zu brechen, indem Natur gebrochen wird, gerät nur um so tiefer in den Naturzwang hinein.«[91]

Für die reibungslose Integration der Individuen in die spätkapitalistische Gesellschaft sorgt indessen die Kulturindustrie: »Durch die ungezählten Agenturen der Massenproduktion und ihrer Kultur werden genormte Verhaltensweisen dem Einzelnen als die allein natürlichen, anständigen, vernünftigen aufgeprägt.«[92]

4.2 Adornos Theorie der autonomen Kunst

Adorno geht wie Benjamin davon aus, dass die Massenkultur die Kunst radikal verändert. Benjamin und Adorno sprechen beide von einem Ende der bisherigen Kunst. Für Benjamin ist dieses Ende erstrebenswert, weil er die Möglichkeit sieht, dass die Kunst sich nun endgültig aus ihrer kultischen Funktion herauslösen könnte. Adornos Blick auf die traditionelle Kunst ist wesentlich ambivalenter. Um seine Kritik an der Massenkultur nachvollziehen zu können, ist es nötig Adornos Vorstellung von autonomer Kunst zu kennen.

Wenn Adorno von autonomer Kunst spricht, dann bezieht er sich v.a. auf die Kunstwerke der klassischen Moderne. Obwohl er seine »Ästhetische Theorie«[93] überwiegend aus der Musik ableitet, gelten seine Ausführungen für die gesamte Kunst.[94]

Kunstwerke besitzen für Adorno einen Doppelcharakter. Sie sind sowohl autonom, als auch gesellschaftlich. So ist Kunst das »Produkt gesellschaftlicher Arbeit des Geistes.«[95] In ihr spiegelt sich somit immer der gegenwärtige gesellschaftliche Zustand wider. Autonom wird ein Kunstwerk jedoch erst, wenn es eine Gegenposition zu der von Naturbeherrschung geprägten Gesellschaft einnimmt.[96]

---

90   Vgl. Schwandt: Kritische Theorie, S. 100.
91   Adorno/Horkheimer: Dialektik der Aufklärung, S. 19.
92   Ebenda, S. 35.
93   Adorno, Theodor W: Gesammelte Schriften Band 7. Ästhetische Theorie. Frankfurt am Main.
     Suhrkamp 1970.
94   Vgl. Wiggershaus: Adorno, S. 106.
95   Paetzel: Kunst und Kulturindustrie, S. 50.
96   Vgl. Ebenda, S. 50.

In autonomen Kunstwerken wird die Versöhnung zwischen Mensch und Natur vorweggenommen. Das Ideal der gegenwärtigen Gesellschaft »ist das System, aus dem alles und jedes folgt«[97]: »Was dem Maß von Berechenbarkeit und Nützlichkeit sich nicht fügen will, gilt der Aufklärung für verdächtig.«[98] Im autonomen Kunstwerk findet Adorno eine Alternative zum Zwang der souveränen Naturbeherrschung. Wie bereits erwähnt, gilt dies insbesondere für die Kunst der klassischen Moderne. Charakteristisch für diese ist das Unharmonische. Indem das autonome Kunstwerk konsequent die falsche Identität zwischen Allgemeinem und Besonderem verweigert, erinnert sie an die ursprüngliche Ohnmacht des Menschen gegenüber der Natur. Diese Ohnmacht wird jedoch als Glück erfahren, da sie die Entfremdung zu ihr für einen Moment aufhebt:[99] »Darin tritt das Ich, geistig, aus der Gefangenschaft in sich selbst heraus. [...] Freiheit leuchtet auf.«[100]

Auch sieht Adorno im Umgang des Künstlers mit seinem Material eine Alternative zur gegenwärtigen gesellschaftlichen Bearbeitung der Natur: Autonome Kunst folgt ihrem eigenen ästhetischen Formgesetz und unterliegt nicht dem Prinzip der Zweckrationalität. Vielmehr ist sie das Ergebnis eines kreativen und spontanen Prozesses. Autonome Kunst wird für Adorno damit zum Ideal für das gesellschaftliche Verhalten gegenüber der Natur[101]: »In den Kunstwerken ist der Geist nicht länger der alte Feind der Natur. Er sänftigt sich zum Versöhnenden.«[102]

Das Entstehen der autonomen Kunst ist für Adorno dabei das Resultat von bestimmten gesellschaftlichen Entwicklungen. Bis ins 18. Jahrhundert hinein wurde die künstlerische Arbeit durch den Adel finanziert. Gleichzeitig war die Kunst dabei unabhängig von den Gesetzen des Marktes. Im Zuge der Aufklärung etablierte sich in Deutschland ein Kunstmarkt. Kunst verlor seine Abhängigkeit vom Adel und wurde dadurch tendenziell zur Ware[103]: »Die Zwecklosigkeit des großen neueren Kunstwerks lebt von der Anonymität des Marktes.«[104] Dadurch, dass der Staat Kunst subventionierte, ging diese nicht restlos in der Logik des Marktes auf. Dies verhalf der Kunst zu einem Selbstbewusstsein, welches »weit über die tatsächliche Protektion

---

97 Adorno/Horkheimer: Dialektik der Aufklärung, S. 13.
98 Adorno/Horkheimer: Dialektik der Aufklärung, S. 12.
99 Vgl. Paetzel: Kunst und Kulturindustrie, S. 46-48.
100 Adorno: Ästhetische Theorie, S. 410.
101 Vgl. Wiggershaus: Adorno, S. 108-110.
102 Adorno: Ästhetische Theorie, S. 202.
103 Adorno/Horkheimer: Dialektik der Aufklärung, S. 166.
104 Ebenda, S. 166.

hinausging.«[105] Das überschätzte Selbstbewusstsein führte einerseits dazu, dass Kunstwerke entstanden, deren Gehalt relativ frei von der herrschenden Zweckrationalität war. Damit wurden sie für Adorno zum

> *»Statthalter der nicht länger vom Tausch verunstalteten Dinge [...]*
> *Eine befreite Gesellschaft wäre [...] jenseits der Zweck-Mittel-Rationa-*
> *lität des Nutzens. Das chiffriert sich in der Kunst und ist ihr gesell-*
> *schaftlicher Sprengkopf.«*[106]

Andererseits blendeten sie dadurch tendenziell die real bestehende Unterdrückung aus, indem sie der gesellschaftlichen Realität einen Anstrich von Schönheit verliehen. Die Autonomie der bürgerlichen Kunst war also auch schon immer Ideologie. Diese bestand in der Trennung von Kunst und Lebenspraxis.[107] Auch wurde die autonome Kunst nur vom Bürgertum rezipiert: »Ernste Kunst hat jenen sich verweigert, denen Not und Druck des Daseins den Ernst zum Hohn macht.«[108]

Adorno kritisiert die Massenkultur nicht vom Standpunkt eines bürgerlichen Kulturkritikers. So betont er auch immer den konservativen Aspekt der autonomen Kunst: Der Autonomie des Künstlers »war durch die ganze bürgerliche Geschichte hindurch ein Moment der Unwahrheit beigestellt, das sich schließlich zur gesellschaftlichen Liquidation der Kunst entfaltete.«[109] Das Ende der autonomen Kunst ist für Adorno also Folge desselben Prozesses – der Ökonomisierung der Gesellschaft – aus der sie ursprünglich hervorgegangen war.

4.3 Kunst als Ware

Für Benjamin trägt der Warencharakter der Kunst in der Massenkultur entscheidend zur Demokratisierung der Gesellschaft bei. Er führt dazu, dass sich die Realität immer mehr an den Massen orientiert. Adorno hingegen arbeitet in seiner Theorie heraus, dass die Ökonomisierung der Kunst fatale Folgen mit sich bringt. Deshalb ersetzt Adorno den Begriff der Massenkultur durch den der Kulturindustrie.

> *»Die bürgerliche Gesellschaft ist beherrscht vom Äquivalent. Sie*
> *macht Ungleichnamiges komparabel, indem sie auf abstrakte Größen*

105 Ebenda, S. 141.
106 Adorno: Ästhetische Theorie, S. 337f.
107 Lindner, Burkhardt: Technische Reproduzierbarkeit und Kulturindustrie, Benjamins »Positives Barbarentum« im Kontext. In: Walter Benjamin im Kontext. Hrsg. Von Lindner, Burkhardt. 2., veränderte Aufl. Frankfurt am Main: Athentäum 1987, S. 203.
108 Adorno/Horkheimer: Dialekt der Aufklärung. S. 143
109 Adorno/Horkheimer: Dialektik der Aufklärung,, S. 166

*reduziert. (…) Beharrt wird auf der Zerstörung von Göttern und
Qualitäten.«*[110]

Ökonomisierung und Rationalisierung der Gesellschaft verlaufen für
Adorno nach demselben Prinzip: Dem der Abstraktion. Die Naturwissenschaften versuchen die Natur auf Formeln zu reduzieren und ignorieren
dabei alles was dem Leben Dimension verleiht. »Was in Zahlen, zuletzt in
der Eins, nicht aufgeht«[111] verweist die Aufklärung zunächst in die Dichtung.
In dieser konnte sich die Vernunft noch kreativ entfalten. Indem autonome
Kunst ihrem eigenem ästhetischen Formgesetz folgte, konnte sie neue Erfahrungen vermitteln.

Die Ausweitung des Tauschprinzips im kulturellen Bereich führt nun
dazu, dass die qualitativen Eigenschaften des Kunstwerks zunehmend verschwinden. Adorno diagnostiziert »eine Verschiebung in der inneren ökonomischen Zusammensetzung der Kulturwaren.«[112] Kunst entwickelt sich
nicht länger aus dem ästhetischen Formgesetz heraus sondern wird nach
dem Prinzip ihrer Verwertbarkeit gestaltet. Auch autonome Kunst war auf
Absatz angewiesen. Sie strebte ihn aber, anders als kulturindustrielle Produkte, nicht unmittelbar an. Der Zwang unablässig Gewinn zu generieren,
führt dazu, dass die Kulturindustrie die Wirkung ihrer Produkte genau kalkuliert. In ihrer extremsten Erscheinungsform sind sie lediglich das Ergebnis
von Marktforschung.[113] Entstand autonome Kunst in der kreativen Auseinandersetzung des Künstlers mit seinem Material, besteht das kulturindustrielle Produkt aus einer Ansammlung von Stereotypen und Schemata: »Selbst
gags, Effekte und Witze sind kalkuliert wie ihr Gerüst. Sie werden von besonderen Fachleuten verwaltet, und ihre schmale Mannigfaltigkeit läßt grundsätzlich im Büro sich aufteilen.«[114]

Die Rezeption erfordert dementsprechend kein selbstständiges Individuum. Die Produkte können passiv konsumiert werden, da in ihnen Stimuli
eingeschrieben sind, die eigene Assoziationen nicht nur überflüssig machen,
sondern gleichzeitig unterdrücken.[115] Die industrielle Herstellung von Kul-
turgütern führt dazu, dass der ursprüngliche Gebrauchswert des Kunstwerks aus dem Bewusstsein der Menschen verschwindet: »Was man den

110 Ebenda, S. 13.
111 Ebenda
112 Ebenda, S. 167.
113 Vgl. Adorno: Kulturkritik und Gesellschaft, S. 338.
114 Adorno/Horkheimer: Dialektik der Aufklärung, S. 133.
115 Vgl. Paetzel: Kunst und Kulturindustrie S. 55f.

Gebrauchswert in der Rezeption der Kulturgüter nennen könnte, wird durch den Tauschwert ersetzt, anstelle des Genusses tritt Dabeisein und Bescheidwissen, Prestigegewinn anstelle der Kennerschaft.«[116]

Die industrielle Verfahrensweise der Kulturindustrie bringt einen bruchlosen Stil hervor. Autonome Kunst hingegen ist gerade dadurch gekennzeichnet, dass sie zwar einen vollkommenen Stil anstrebt, daran aber zwangsläufig scheitern muss. So lassen sich selbst in den Kunstwerken der Klassik, die nach Harmonie strebten, innerästhetische Spannungen ausmachen. Diese Dissonanzen zeugen von einem widerständigen Bewusstsein. In ihnen spiegelt sich der unaufhebbare Widerspruch zwischen Individuum und Gesellschaft wider.[117] In der Kulturindustrie hingegen unterscheidet sich die Logik des Werkes nicht länger von der des gesellschaftlichen Systems, da in den standardisierten und durchgeplanten Produkten der Kulturindustrie innerästhetische Spannungen eingeebnet werden:

> *»Die Versöhnung von Allgemeinem und Besonderem, von Regel und spezifischem Anspruch des Gegenstands, in deren Vollzug Stil allein Gehalt gewinnt, ist nichtig, weil es zur Spannung zwischen den Polen gar nicht mehr kommt: die Extreme, die sich berühren, sind in trübe Identität übergegangen.«*[118]

Die Kulturindustrie setzt somit die falsche Identität von Allgemeinem und Besonderem auch in der Kunst durch. Für Adorno gilt dies insbesondere für den Film. Prognostiziert Benjamin in seinem Kunstwerk-Aufsatz eine tiefgreifende Veränderung des Apperzeptionsapparates durch den Film, ist dieser für Adorno besonders dafür prädestiniert die gesellschaftliche Realität lediglich zu verdoppeln und damit im Nachhinein zu bestätigen: »Das Leben soll der Tendenz nach vom Tonfilm nicht mehr sich unterscheiden lassen.«[119] Auch Adorno geht von einer Überforderung des Zuschauers durch den Film aus. Für ihn hat die Überforderung jedoch nicht die Erschütterung konventioneller Wahrnehmungsmuster zur Folge, vielmehr führt diese zur Verkümmerung der Spontanität und Einbildungskraft der Rezipienten.[120] Die Kritik am Medium Film nimmt jedoch keinen zentralen Stellenwert im Kulturindustriekapitel ein. Im Vordergrund steht die Durchdringung der

---

116 Adorno/Horkheimer: Dialektik der Aufklärung,, S. 167.
117 Vgl. Ebenda, S. 138f.
118 Ebenda, S. 138.
119 Ebenda, S. 134.
120 Vgl. Ebenda, S. 134f.

Kunst durch Ökonomie. So scheint Adorno an anderer Stelle seine Kritik am Film als Medium wieder zu revidieren:

> *»Einstweilen hat es die Technik der Kulturindustrie bloß zur Standardisierung und Serienproduktion gebracht und das geopfert, wodurch die Logik des Werks von der des gesellschaftlichen Systems sich unterschied. Dies ist aber keinem Bewegungsgesetz der Technik als solcher aufzubürden, sondern ihrer Funktion in der Wirtschaft heute.«*[121]

Die Kulturindustrie bringt zwar eine Vielzahl von Produkten hervor, diese unterscheiden sich jedoch nur auf den ersten Blick. Die verschiedenen Inhalte sind nur »verblaßter Vordergrund«.[122] Allen gemein ist ihr bruchloser Stil, welcher die Eindimensionalität der verwalteten Welt verdoppelt, indem Irritationen vermieden werden. Die Handlung eines Films ist für den Rezipienten genauso absehbar, wie die Melodie eines Popsongs.[123]

Zwar finden auch in der Kulturindustrie Stilbrüche statt, diese sind jedoch nicht Ausdruck von Kreativität sondern das Ergebnis eines wirtschaftlichen Kalküls: »Nicht nur werden die Typen von Schlagern, Stars, Seifenopern zyklisch als starre Invarianten durchgehalten, sondern der spezifische Inhalt des Spiels, das scheinbar Wechselnde ist selber aus ihnen abgeleitet.«[124] Um nicht monoton zu werden, darf sich die Kulturindustrie nicht ausschließlich an die eingeübten Wahrnehmungsmuster der Rezipienten anpassen. Innovationen innerhalb der Kulturindustrie sind somit nicht nur kalkuliert, sondern verschleiern gleichzeitig die Wiederholung des Immergleichen, indem sie die Illusion von Kreativität erwecken.[125]

Die Produktionsweise der Kulturindustrie ist dabei einerseits durch die kapitalistische Wirtschaftsordnung determiniert. Ihre Akteure werden jedoch zu Machthabern, in dem sie das Proletariat und die Angestellten in die spätkapitalistische Gesellschaft integrieren und sie dadurch unangreifbar machen.[126] Der neue Gebrauchswert von Kunst in der Kulturindustrie besteht nach Roger Behrens »in der Aufrechterhaltung und Verbesserung der Produktion (...) und nicht in der Befriedigung menschlicher Bedürfnisse.[127] Das oberste Ziel der Kulturindustrie ist die Profimaximierung. Die

---

121 Ebenda, S. 129.
122 Ebenda, S. 145.
123 Vgl. Ebenda, S. 133.
124 Ebenda, S. 133.
125 Vgl. Schweppenhäuser: Adorno zur Einführung S. 150f.
126 Vgl. Roger: Kulturindustrie, S. 36.
127 Ebenda, S. 36.

Massen sind in diesem Sinne für sie lediglich ein »Anhängsel der Maschinerie.«[128] Für die Kulturindustrie sind sie nur insofern wichtig, als dass sie ihre Produkte kaufen. Ihr eigentliches Anliegen ist, auch wenn es ihr nicht bewusst sein mag, die Aufrechterhaltung der gegenwärtigen Produktionsverhältnisse durch Beherrschung der Massen und Fesselung des Bewusstseins. Es ist dabei vor allem das Amüsement mit dessen Hilfe die Kulturindustrie über ihre Konsumenten verfügen kann.

4.4 Kulturindustrie als Amüsierbetrieb

Niedere Kunst ist für Adorno grundsätzlich nichts Schlechtes. In ihrem Dilettantismus und ihrer Exzentrizität gesteht er ihr ein widerständiges Moment zu.[129] Auch spiegelt sich für Adorno in der Trennung von hoher und niederer Kunst der antagonistische Widerspruch der Gesellschaft wider. Niedere Kunst ist für ihn »das gesellschaftlich schlechte Gewissen der ernsten.«[130] Die Kulturindustrie versucht nun die Trennung aufzuheben. Sie liquidiert dabei nicht nur die autonome Kunst, sondern bändigt auch die niedere: »Sie läßt das Sinnlose drunten so radikal verschwinden wie oben den Sinn der Kunstwerke.«[131] Das Amusement wird auf diese Weise zum wichtigsten Instrument der Kulturindustrie, mit dessen Hilfe sie die Integration der Menschen in die spätkapitalistische Gesellschaft vorantreibt. Entsprechend bezeichnen Adorno/Horkheimer die Kulturindustrie auch als Amüsierbetrieb und Vergnügungsindustrie. Amusement leistet zunächst die Reproduktion der abverlangten Arbeitskraft.

Bürokratisierung und Mechanisierung des Arbeitslebens machen selbstständiges Denken nicht nur überflüssig, sondern unterdrücken es auch: »Denken verdinglicht sich zu einem selbsttätig ablaufenden, automatischen Prozeß, der Maschine nacheifernd, die er selber hervorbringt, damit sie ihn schließlich ersetzen kann.«[132] Die Kulturindustrie gleicht Kunst, mit Hilfe des Amusements, an die mechanisierten Arbeitsprozesse an. Diese Angleichung entspricht zunächst dem Bedürfnis der Konsumenten. Im Amusement soll die Monotonie des Arbeitsalltags vergessen werden. Die Konsumenten erhoffen sich von ihm Erholung, damit sie dem nächsten Arbeitstag gewachsen sind. Fatalerweise führt dieser Wunsch gerade dazu, dass die Struktur der

128 Adorno: Kulturkritik und Gesellschaft, S. 1.
129 Vgl. Adorno/Horkheimer: Dialektik der Aufklärung,, S. 144.
130 Ebenda, S. 143.
131 Ebenda, S. 151.
132 Ebenda, S. 31.

Kulturgüter mehr und mehr den mechanisierten Arbeitsvorgängen ähnelt, von denen sich der Konsument ursprünglich erholen wollte[133]:

> »Amusement ist die Verlängerung der Arbeit unterm Spätkapitalismus. (…) Dem Arbeitsvorgang in Fabrik und Büro ist auszuweichen nur in der Angleichung an ihn in der Muße. Das Vergnügen erstarrt zur Langeweile, weil es, um Vergnügen zu bleiben, nicht wieder Anstrengung kosten soll und daher streng in den ausgefahrenen Assoziationsgeleisen sich bewegt.«[134]

Die Rezeption des kulturindustriellen Erzeugnisses kann zwar ohne Anstrengung erfolgen, neue Erfahrungen können sie jedoch nicht vermitteln. Ähnlich dem mechanisierten Arbeitsprozess verunmöglicht es autonomes Denken.

Zugleich übt die Vergnügungsindustrie die Konsumenten in die Unterwerfung unter das Bestehende ein: »Lachen in ihr wird zum Instrument des Betrugs am Glück.«[135] Die Geschichte der westlichen Zivilisation ist für Adorno/Horkheimer die Geschichte der Entsagung. In dem autonome Kunst diese als schmerzvoll darstellte, trug sie diesem Umstand Rechnung: »Baudelaire aber ist so humorlos wie nur Hölderlin.«[136] In der Kulturindustrie tritt anstelle der schmerzvollen- die joviale Entsagung. Das Amusement stellt für Adorno/Horkheimer einen sozialen Kitt dar. Das Lachen, welches die Kulturindustrie produziert, ist kein lustvolles oder befreiendes, sondern Ausdruck von (Sado-)Masochismus.[137] Seinen Ursprung hat es in der Schadenfreude und in der Selbsterniedrigung: »Donald Duck in den Cartoons wie die Unglücklichen in der Realität erhalten ihre Prügel, damit die Zuschauer sich an die eigenen gewöhnen.«[138]

Über die Gewalt die Donald Duck in dieser Szene erfährt, kann der Zuschauer nur Lachen, indem er sich mit dem Aggressor identifiziert: »So schlägt die Quantität des organisierten Amusements in die Qualität der organisierten Grausamkeit um.«[139] Im Lachen spiegelt sich der verzweifelte Wunsch nach Versöhnung mit dem Bestehendem wider: »Vergnügt sein heißt allemal: nicht daran denken müssen, das Leiden vergessen, noch wo es

---

133 Vgl. Ebenda, S. 144f.
134 Ebenda, S. 145.
135 Ebenda, S. 149.
136 Ebenda.
137 Vgl. Ebenda, S. 146f.
138 Ebenda, S. 147.
139 Ebenda. S. 146.

gezeigt wird. Ohnmacht liegt ihm zugrunde.«[140] Da die Entsagungen, welche die industrialisierten Gesellschaften dem Individuum auferlegen, als naturgegeben erscheinen, versucht er sich zwanghaft mit ihnen abzufinden. Nach Adorno befreit das Amusement zwar von negativen Denken, erstickt dabei aber gleichzeitig jeden Gedanken an Veränderung, da in ihm das Leiden vergessen wird.[141] Amusement wird dadurch zur Parodie einer gelungenen Versöhnung zwischen Individuum und Gesellschaft, Mensch und Natur.

Wieder tritt hier ein deutlicher Widerspruch zwischen Adorno und Benjamin zu Tage. Zerstreuung und Ablenkung sind für Benjamin erstrebenswerte Rezeptionsmodi, die im Zeitalter der technischen Reproduzierbarkeit die kontemplative Versenkung ersetzen sollen. Nach Adorno ist das Lachen des Kinobesuchers nichts weiter als Ausdruck eines bürgerlichen Sadismus, welches das Proletariat verinnerlicht hat.[142]

4.5 Der passive Rezipient

In der unterschiedlichen Bewertung der Rolle des Rezipienten macht Christoph Gurk die zentrale Differenz zwischen Adornos und Benjamins Analyse der Massenkultur aus:

> *»Gingen Horkheimer und Adorno grundsätzlich von einem passiven Konsumenten aus, dessen Bedürfnisse durch die Penetrationstechniken der Kulturindustrie immer schon manipuliert sind, so schafft bei Benjamin erst die massenhafte Verfügbarkeit von Kulturwaren die Voraussetzungen für zerstreute, demokratisierte Rezeptionsweisen: Jeder Zuhörer oder Zuschauer kann prinzipiell ein Experte sein.«[143]*

In Bezug auf die These der Kulturindustrie wird Adorno oft vorgeworfen, dass er dem Rezipienten zu wenig zutraut. Michael Kausch weist jedoch darauf hin, dass Adornos »Manipulationstheorie keinen monokausalen Vergewaltigungszusammenhang konstruiert.«[144] Das Bewusstsein und die Bedürfnisse der Rezipienten sind für Adorno keine konstanten Größen, sondern von der gesellschaftlichen Struktur abhängig. Seine Theorie »ist um so wahrer, je verwalteter die Gesellschaft und je zerstörter das Individuum bereits

---

140 Ebenda, S. 153.
141 Vgl. Ebenda, S. 153.
142 Vgl. Benjamin/ Schöttker: Kunstwerk-Aufsatz und Kommentar, S. 77.
143 Gurk: Wem gehört die Popmusik?, S. 22.
144 Kausch, Michael: Kulturindustrie und Populärkultur : kritische Theorie der Massenmedien. Frankfurt am Main: Fischer 1988, S. 92.

ist.«[145] Adornos Theorie der Kulturindustrie ist somit nur unter Einbeziehung seiner gesellschaftlichen Analyse zu verstehen.

Am Ende von 4.1 wurde gezeigt, dass Adorno/Horkheimer davon ausgehen, dass sich in der spätkapitalistischen Gesellschaft keine autonomen Subjekte mehr herausbilden können. Individualität ist keine geschichtliche Konstante, sondern setzt eine bestimmte sozioökonomische Struktur voraus:

»Die Möglichkeit, zum ökonomischen Subjekt, Unternehmer,
Eigentümer zu werden ist, vollends liquidiert. Bis hinab zum
Käseladen geriet das selbstständige Unternehmen, auf dessen
Führung und Vererbung die bürgerliche Familie und die Stellung ihres
Oberhaupts beruht hatte, in aussichtslose Abhängigkeit.«[146]

Adorno/Horkheimer beschreiben hier den Übergang vom Konkurrenz- zum Monopolkapitalismus. Im ersteren war das Herausbilden einer starken Persönlichkeit Voraussetzung für Erfolg. Das Individuum entstand in der Auseinandersetzung mit seiner Umwelt: Es nahm sich als autonom wahr. Problematisch war das für Adorno/Horkheimer insofern, als dass sich in dieser Form von Individualität auch »die Härte der Konkurrenzgesellschaft«[147] widerspiegelte. Die Individualität blieb also auf die von Adorno/Horkheimer kritisierte Form der Selbsterhaltung beschränkt.[148]

Die Möglichkeit, selbständiger Unternehmer zu sein, sehen Adorno/Horkheimer im Monopolkapitalismus zunehmend schwinden: »Alle werden zu Angestellten, und in der Angestelltenzivilisation hört die ohnehin zweifelhafte Würde des Vaters auf.«[149] Im Monopolkapitalismus erscheint nun die Angleichung an das Bestehende als die beste (Überlebens-)Strategie.[150] Die Anstrengung der Individuation wird so »durch die freilich atemlosere der Nachahmung ersetzt.«[151] Folgt man diesen Ausführungen, dann können in der Gegenwart keine selbstbewussten Subjekte entstehen. Ein zentraler Vorwurf Adornos gegenüber der Kulturindustrie ist dementsprechend, dass sie die gegenwärtige Ich-Schwäche der Menschen nicht nur ausbeutet, sondern gleichzeitig befördert.[152]

---

145 Kausch: Kulturindustrie und Populärkultur, S. 96.
146 Adorno/Horkheimer: Dialektik der Aufklärung, S. 162.
147 Ebenda, S. 164.
148 Vgl. Ebenda
149 Ebenda, S. 162.
150 Vgl. Mahnert, Gregor: Kultur außer Kontrolle? Über Möglichkeit und Unmöglichkeit oppositioneller Kulturproduktion in der Kulturindustrie. Diplomarbeit Universität Wien 2008., S. 66-69.
151 Horkheimer/Adorno: Dialektik der Aufklärung, S. 165.
152 Adorno: Kulturkritik und Gesellschaft, S. 344.

Identifikation mit der Gesellschaft ist nur möglich, indem sich der Einzelne als Individuum wahrnimmt. Die Sehnsucht nach Individualität ist also durchaus vorhanden, erscheint aber nicht mehr realisierbar.[153] Die Kulturindustrie, so Roger Behrens, erfindet nun »das Individuum noch einmal: als Konsumenten.«[154] Das Subjekt in der Kulturindustrie fühlt sich autonom, da es zwischen zahlreichen Produkten wählen kann. Das Problem besteht darin, dass diese Produkte nicht für die Menschen hergestellt sind. Sie dienen, wie bereits herausgearbeitet, der Aufrechterhaltung der gegenwärtigen Produktionsverhältnisse:

> *»Das Prinzip gebietet, ihm zwar alle Bedürfnisse als von der Kulturindustrie erfüllbare vorzustellen, auf der anderen Seite aber diese Bedürfnisse vorweg so einzurichten, daß er in ihnen sich selbst nur noch als ewigen Konsumenten, als Objekt der Kulturindustrie erfährt.«*[155]

Adorno skizziert hier eine paradoxe Situation: Einerseits erhoffen sich die Menschen von der Kulturindustrie eine geglückte Individuation, welche diese auch laufend verspricht. Andererseits ist die Kulturindustrie, will sie weiterbestehen, darauf angewiesen diese Individuation zu verhindern: »Die Unverschämtheit der rhetorischen Frage, »Was wollen die Leute haben!« besteht darin, daß sie auf dieselben Leute als denkende Subjekte sich beruft, die der Subjektivität zu entwöhnen ihre spezifische Aufgabe darstellt.«[156] Obwohl der Kulturindustrie das Individuum illusionär ist, muss sie es also laufend propagieren. Sie erschafft dadurch eine Pseudoindividualität: »Von der genormten Improvisation im Jazz bis zur originellen Filmpersönlichkeit, der die Locke übers Auge hängen muß, damit man sie als solche erkennt, herrscht Pseudoindividualität.«[157] Individualität in kulturindustriellen Produkten entsteht nicht, wie bei autonomer Kunst, in der Auseinandersetzung mit dem Formgesetz sondern wird willkürlich hergestellt. Sie verdoppeln damit die Einsicht der Menschen, dass ihr Erfolg nicht länger von ihrer Leistung abhängt sondern rein zufällig ist. Dieser Umstand spiegelt sich auch darin wieder, dass die Kulturindustrie, beispielsweise in Talentshows, willkürlich Menschen zu

---

153 Vgl. Behrens: Kulturindustrie S. 38.
154 Ebenda, S. 37.
155 Adorno/Horkheimer: Dialektik der Aufklärung, S. 150.
156 Ebenda, S. 153.
157 Ebenda, S. 163.

Stars macht: »Anstelle des Weges per aspera ad astra, der Not und Anstrengung voraussetzt, tritt mehr und mehr die Prämie.«[158]

Aus dieser Perspektive betrachtet verspricht die Kulturindustrie stets mehr als sie in Wirklichkeit geben kann. Dadurch nähert sie sich der heutigen Form von Reklame an. Im Konkurrenzkapitalismus konnte der Kleinunternehmer mit Hilfe der Werbung noch auf sich aufmerksam machen. Durch die zunehmenden Konzentrationsprozesse wird sie, nach Adorno, zu einer Sperrvorrichtung. Sie dient dem Großunternehmen lediglich zur Darstellung seiner Macht.[159]

Die Darstellung der eigenen Macht stellt dann auch den neuen Gebrauchswert der Kunst dar:

> *»An den Mann gebracht wird allgemein unkritisches Einverständnis,*
> *Reklame gemacht für die Welt, so wie ein jedes kulturindustrielles*
> *Produkt seine eigene Reklame ist.[160]*
> *[...] heute ist jede Großaufnahme der Filmschauspielerin zur*
> *Reklame für ihren Namen geworden, jeder Schlager zum plug seiner*
> *Melodie.«[161]*

Die Produkte der Kulturindustrie rücken für Adorno damit in die Nähe der faschistischen Propaganda. Ihre Gemeinsamkeit besteht in der Wiederholung des Immergleichen. Genau wie die totalitäre Parole ist die Reklame durch ihre Qualitätslosigkeit gekennzeichnet. Die verschiedenen Inhalte der kulturindustriellen Produkte sind eben bloß »verblaßter Vordergrund«. Die Struktur der Reklame lässt sich nach Adorno in jedem Produkt der Kulturindustrie wiederfinden.

Auch sind Diktator und Kulturindustrie nicht an den Menschen als Individuen interessiert. Beide behandeln sie, wie bereits dargestellt, als Objekte. Ihr Ziel ist die Beherrschung der Menschen mit Hilfe von Psychotechniken.[162] Das diese bei den Menschen anschlagen, liegt an den verinnerlichten gesellschaftlichen Strukturen. Die Rationalisierung der Arbeitsprozesse, die Bürokratisierung der Gesellschaft, die Reduktion der Welt auf Formeln durch die Naturwissenschaften und die Konzentration des Kapitals unterdrückt kreatives und spontanes Denken. Die gegenwärtige Kulturproduktion und die Verfassung der Rezipienten bedingen sich also gegenseitig: »Die

158 Ebenda, S. 154.
159 Vgl. Ebenda, S. 171f.
160 Adorno: Kulturkritik und Gesellschaft, S. 339.
161 Adorno/Horkheimer: Dialektik der Aufklärung, S. 172.
162 Vgl. Ebenda, S. 173-175.

Verfassung des Publikums, die vorgeblich und tatsächlich das System der Kulturindustrie begünstigt, ist ein Teil des Systems, nicht dessen Entschuldigung.«[163]

Die Kulturindustrie verstärkt und befestigt jedoch den Bewusstseinszustand der Menschen, indem sie sich ihm angleicht. Für Adorno löst die Kulturindustrie die Familie als bedeutendste Sozialisationsinstanz ab:

>*Die Art in der ein junges Mädchen das obligatorische date annimmt und absolviert, der Tonfall am Telephon und in der vertrautesten Situation, die Wahl der Worte im Gespräch, ja das ganze nach den Ordnungsbegriffen der heruntergekommenen Tiefenpsychologie aufgeteilte Innenleben bezeugt den Versuch, sich selbst zum erfolgsadäquaten Apparat zu machen, der bis in die Triebregungen hinein dem von der Kulturindustrie präsentierten Modell entspricht. Die intimsten Reaktionen der Menschen sind ihnen selbst gegenüber so vollkommen verdinglicht, daß die Idee des ihnen Eigentümlichen nur in äußerster Abstraktheit noch fortbesteht: personality bedeutet ihnen kaum mehr etwas anderes als blendend weiße Zähne und Freiheit von Achselschweiß und Emotionen.«[164]*

Die Verhaltensweisen des Mädchens erscheinen hier als eine Ansammlung von Stereotypen und Klischees, die von der Kulturindustrie unaufhörlich eingeübt werden. Diese Form der Individualität dient ausschließlich der Selbsterhaltung: Ziel des Mädchens ist es sich zum »erfolgsadäquaten Apparat« zu machen. Kulturindustrie leistet also nicht die von ihr ständig propagierte Individuation. Sie hilft den Menschen nicht sich ihrer inneren Natur bewusst zu werden und sich entsprechend individuell zu entfalten. Individualität in der Kulturindustrie ist vielmehr »ein gesellschaftlich bedingtes Monopolgut.«[165] Sie wird den Menschen von außen aufgezwungen.

163 Ebenda, S. 130.
164 Dialektik der Aufklärung, S. 176.
165 Ebenda, S. 163.

5 DAS BUCH ALS WARE IN DER MASSENKULTUR

Abschließend soll die Frage beantwortet werden, was die von Adorno und Benjamin diagnostizierte Veränderung der Kunst durch die Massenkultur für das Medium Buch bedeutet.

In Benjamins Aufsatz über die Bedeutung von Kunstwerken erscheint das Buch als überholtes Medium. Erst der Film ist für ihn in der Lage, die Kunst aus seiner kultischen Tradition herauszulösen. In der literarischen Avantgarde erkennt er zwar emanzipatorische Elemente, die aber erst durch den Film vollständig verwirklicht werden können:

»Die Geschichte jeder Kunstform hat kritische Zeiten, in denen diese Form auf Effekte hindrängt, die sich zwanglos erst bei einem veränderten technischen Standard, d. h. in einer neuen Kunstform ergeben können.«[166]

Das Medium Film ermöglicht somit eine Demokratisierung der Kunstrezeption. Für die Rezeption eines Films ist, anders als für die avantgardistische Literatur, keine bürgerliche Bildung vonnöten.

Benjamins Kunstwerk-Aufsatz ist für die Buchwissenschaft insofern interessant, da er sich mit den medienspezifischen Eigenschaften von Film und Buch auseinandersetzt. Die Spezialisierung einer Wissenschaft auf ein Medium kann leicht dazu führen, dieses zu glorifizieren. Die Auseinandersetzung mit Benjamins Theorie der Massenkultur kann dem entgegenwirken.

Für Adorno ist es vor allem der Film und das Radio, mit dessen Hilfe die Kulturindustrie die Liquidation der Kunst vorantreibt: »Lichtspiele und Rundfunk brauchen sich nicht mehr als Kunst auszugeben. Die Wahrheit, dass sie nichts sind als Geschäft, verwenden sie als Ideologie, die den Schund

166 Benjamin/Schöttker: Kunstwerk-Aufsatz und Kommentar, S. 41f.

legitimieren soll, den sie vorsätzlich herstellen.«[167] Seine Kritik an der Massenkultur basiert also hauptsächlich auf der Analyse von Filmen, sowie populärer Musik. Die Literatur der klassischen Moderne wird dabei häufig als Gegenfolie zu den kulturindustriell hergestellten Produkten herangezogen. Adorno schien jedoch davon auszugehen, dass die Produktionsweise der Kulturindustrie zunehmend die Literatur erfasst.[168] In seiner Theorie konzipiert er die Kulturindustrie als lückenloses, strukturell ausgewegloses System, das alle Bereiche der Kunst der wirtschaftlichen Zweckrationalität unterordnet. Entsprechende Tendenzen lassen sich tatsächlich schon lange auf dem Buchmarkt beobachten. Unzählige Bücher, quer durch die Genres, lassen sich unschwer als standardisierte Serienprodukte ausmachen. Form und Handlung entstehen dabei eben nicht in der Auseinandersetzung mit dem künstlerischen Material, sondern sind dem Ziel untergeordnet, Gewinn zu generieren. Als aktuelles Beispiel kann hier der Hype um die in letzter Zeit inflationär erschienenen Vampirromane angeführt werden. Sie können als das Ergebnis einer industriellen Produktionsweise betrachtet werden.

Gerade was das Medium Buch angeht, hat sich Adornos Prognose jedoch nicht gänzlich erfüllt. Insbesondere die Literatur scheint noch etwas von dem übersteigerten Selbstbewusstsein zu besitzen, dessen Ursprung Adorno in der liberalen Phase des Kapitalismus ausmacht. Ein Buch lediglich als wirtschaftliches Produkt anzupreisen, ist in der Gesellschaft nach wie vor verpönt. In der Öffentlichkeit präsentieren sich Verlage nicht als Wirtschaftsunternehmen sondern werben mit ihrer kulturellen Funktion. Diese Selbstdarstellung ist nach Adorno zwar Ideologie, stellt aber gleichzeitig die Voraussetzung für das Entstehen einer Kunst dar, welche sich nicht ausschließlich der herrschenden Zweckrationalität der Gesellschaft unterordnet. Auch viele Rezipienten erhoffen sich insbesondere vom Medium Buch nicht nur Unterhaltung, sondern auch einen gewissen Erkenntnisgewinn. Der »Zirkel von Manipulation und rückwirkendem Bedürfnis, in dem die Einheit des Systems immer dichter zusammenschießt«,[169] scheint sich im literarischen Feld nicht so bruchlos durchgesetzt zu haben, wie von Adorno befürchtet. So lässt sich in der Gegenwart nach wie vor Literatur finden, die seiner Vorstellung von autonomer Kunst sehr nahe kommt. Exemplarisch sei hier der 1996 erschienene Roman »Unendlicher Spass«[170] des amerikanischen Autors

---

167 Adorno/Horkheimer: Dialektik der Aufklärung, S. 129.
168 Vgl. Ebenda, S. 132 u. S.172.
169 Ebenda, S. 129.
170 Wallace, David Foster: Unendlicher Spass. 3. Aufl. Köln: Kiepenheuer & Witsch 2009.

David Foster Wallace genannt. Wallace führt in ihm nicht nur die literarische Moderne fort, sondern thematisiert darin auch die Gewalt welche das Individuum in der spätkapitalistischen Gesellschaft durch die Massenkultur erfährt. Um in Adornos Terminologie zu bleiben, nimmt Wallace damit »die Erniedrigung des Triebs gleichsam zurück und [rettet] das Versagte als Vermitteltes.«[171]

Adornos Prognose ist in ihrer Totalität, zumindest was das Medium Buch betrifft, bisher nicht eingetreten. In seiner pessimistischen Einschätzung der Massenkultur wurde er mit Sicherheit von persönlichen Erfahrungen geleitet. Hier sind der Ausbruch des Faschismus in Europa sowie seine Erfahrungen mit der Massenkultur im amerikanischen Exil zu nennen. So war in Amerika die Kommerzialisierung der Kultur weiter vorangeschritten, als im vorfaschistischen Europa. In der »Dialektik der Aufklärung« sieht Adorno den Ursprung der Kulturindustrie dementsprechend in Amerika.[172]

Trotzdem erscheint Adornos Analyse der Massenkultur in vielen Punkten heute noch aktuell und anschlussfähig – auch für die Buchwissenschaft. Die Ökonomisierung der Kunst ist kein abgeschlossener Prozess, sondern schreitet kontinuierlich voran. Die Konzentrationsprozesse auf dem Buchmarkt zeugen von diesem Umstand. Der Konkurrenzdruck mindert einerseits die Risikobereitschaft der Verleger, was auf lange Sicht zu einer zunehmenden Standardisierung des Programms führt. Andererseits macht er ausgefeilte Marketingstrategien notwendig, durch die der Gebrauchswert der Literatur zurückgedrängt wird.

Diese Entwicklungen werden von der Buchwissenschaft vorwiegend marktwirtschaftlich erklärt. Das Buch sieht sie mehr und mehr als Wirtschaftsgut an, während der Gebrauchswert der Literatur oft belächelt wird. Die Beschäftigung mit Adornos Theorie könnte eine alternative, ökonomiekritische Sichtweise auf den gegenwärtigen Buchmarkt ermöglichen: Das Verschwinden der bürgerlichen Ideologie, dass dem Medium Buch einen besonderen kulturellen Wert zuschreibt, kann dazu führen, dass ein weiterer Freiraum verloren geht, den die wirtschaftliche Zweckrationalität bisher noch nicht komplett erfassen konnte.

171 Ebenda, S. 148.
172 Vgl. Ebenda, S. 140.

LITERATURVERZEICHNIS

Quellen

Adorno, Theodor W./ Horkheimer, Max: Dialektik der Aufklärung. Philosophische Fragmente. Frankfurt am Main: Fischer 2012.

Adorno, Theodor W: Gesammelte Schriften Band 7. Ästhetische Theorie. Frankfurt am Main: Suhrkamp 1970.

Adorno, Theodor W: Gesammelte Schriften Band 10.1. Kulturkritik und Gesellschaft. Prismen. Ohne Leitbild. Frankfurt am Main: Suhrkamp 2010.

Benjamin, Walter/ Schöttker, Detlev: Das Kunstwerk im Zeitalter seiner technischen Reproduzierbarkeit und weitere Dokumente. Kommentar von Detlev Schöttker. 3. Aufl. Frankfurt am Main: Suhrkamp 2012.

Benjamin, Walter: Erzählen. Schriften zur Theorie der Narration und zur literarischen Prosa. Ausgewählt und mit einem Nachwort von Alexander Honold. Frankfurt am Main: Suhrkamp 2007.

Wallace, David Foster: Unendlicher Spass. 3. Aufl. Köln: Kiepenheuer & Witsch 2009.

Forschungsliteratur

Behrens, Roger: Kulturindustrie. Bielefeld: transcript-Verlag 2004.

Brodersen, Momme: Walter Benjamin: Leben – Werk – Wirkung. Frankfurt am Main: Suhrkamp 2005.

Gurk, Christoph: Wem gehört die Popmusik? Die Kulturindustriethese unter den Bedingungen postmoderner Ökonomie. In: Mainstream der Minderheiten. Pop in der Kontrollgesellschaft. Hrsg. von Holert, Tom/ Terkessidis, Mark Berlin: Edition ID-Archiv 1996, S. 20-40.

Kausch, Michael: Kulturindustrie und Populärkultur : kritische Theorie der Massenmedien. Frankfurt am Main: Fischer 1988.

Kramer, Sven: Walter Benjamin zur Einführung. Hamburg: Julius Verlag 2003.

Lindner, Burkhardt: Technische Reproduzierbarkeit und Kulturindustrie, Benjamins »Positives Barbarentum« im Kontext. In: Walter Benjamin im Kontext. Hrsg. Von Lindner, Burkhardt. 2., veränderte Aufl. Frankfurt am Main: Athentäum 1987, S. 180-123.

Mahnert, Gregor: Kultur außer Kontrolle? Über Möglichkeit und Unmöglichkeit oppositioneller Kulturproduktion in der Kulturindustrie. Diplomarbeit Universität Wien 2008.

Paetzel, Ulrich: Kunst und Kulturindustrie bei Adorno und Habermas. Perspektiven kritischer Theorie. Diss. phil Bochum 2001. Wiesbaden: Deutscher-Universitätsverlag 2001.

Schweppenhäuser, Gerhard: Theodor W. Adorno zur Einführung. 3. veränderte Aufl. Hamburg: Junius Verlag 2003.

Seiler, Sascha: »Das einfach wahre Abschreiben der Welt«: Pop-Diskurse in der deutschen Literatur nach 1960. Diss. phil JGU Mainz 2005. Göttingen: Vandenhoeck & Ruprecht 2006.

Schwandt, Micheal: Kritische Theorie. Eine Einführung. 2. Aufl. Stuttgart: Schmetterling Verlag 2010.

Strinati, Dominic: An introduction to theories of popular culture. 2., veränderte Aufl. New York: Routledge 2003.

Wiggershaus, Rolf: Theodor W. Adorno. 3. veränderte Aufl. München: C.H. Beck 2006.